CALIGRAFIA
COM ORTOGRAFIA E GRAMÁTICA

MARCHA CRIANÇA

3º ANO

CB136224

**Maria Teresa Marsico**

Professora graduada em Letras pela Universidade Federal do Rio de Janeiro (UFRJ) e em Pedagogia pela Sociedade Unificada de Ensino Superior Augusto Motta. Atuou por mais de trinta anos como professora de Educação Infantil e Ensino Fundamental das redes municipal e particular de ensino no município do Rio de Janeiro.

**Armando Coelho de Carvalho Neto**

Atua desde 1981 com alunos da rede oficial de ensino e professores das redes oficial e particular do Rio de Janeiro. Desenvolve pesquisas e estudos sobre metodologias e teorias modernas de aprendizado. É autor de obras didáticas para Ensino Fundamental e Educação Infantil desde 1993.

Agora você também consegue acessar o *site* exclusivo da **Coleção Marcha Criança** por meio deste QR code.

Basta fazer o *download* de um leitor QR code e posicionar a câmera de seu celular ou *tablet* como se fosse fotografar a imagem acima.

editora scipione

editora scipione

**Diretoria editorial**
Lidiane Vivaldini Olo

**Gerência editorial**
Luiz Tonolli

**Editoria de Anos Iniciais**
Tatiany Telles Renó

**Edição**
Miriam Mayumi Nakamura, Vanessa Batista Pinto e Duda Albuquerque / DB Produções Editoriais (colaborador)

**Gerência de produção editorial**
Ricardo de Gan Braga

**Arte**
Andréa Dellamagna (coord. de criação), Gláucia Correa Koller (progr. visual de capa e miolo), Leandro Hiroshi Kanno (coord. de arte), Fábio Cavalcante (editor de arte) e Dito e Feito Comunicação (diagram.)

**Revisão**
Hélia de Jesus Gonsaga (ger.), Rosângela Muricy (coord.), Gabriela Macedo de Andrade, Paula Teixeira de Jesus, Vanessa de Paula Santos, Brenda Morais e Gabriela Miragaia (estagiárias)

**Iconografia**
Sílvio Kligin (superv.), Denise Durand Kremer (coord.), Jad Nidiane Pereira Silva (pesquisa), Cesar Wolf e Fernanda Crevin (tratamento de imagem)

**Ilustrações**
ArtefatoZ (capa), Ilustra Cartoon (aberturas de unidade) e Roberto Weigand (miolo)

**Direitos desta edição cedidos à Editora Scipione S.A.**
Av. das Nações Unidas, 7221, 1º andar, Setor D
Pinheiros – São Paulo – SP – CEP 05425-902
Tel.: 4003-3061
www.scipione.com.br / atendimento@scipione.com.br

**Dados Internacionais de Catalogação na Publicação (CIP)**
**(Câmara Brasileira do Livro, SP, Brasil)**

Marsico, Maria Teresa
Marcha criança : ensino fundamental I : caligrafia com ortografia e gramática / Maria Teresa Marsico, Armando Coelho de Carvalho Neto. – 2. ed. – São Paulo : Scipione, 2016.

Obra em 5 v. para alunos do 1º ao 5º ano.
Bibliografia.

1. Caligrafia (Ensino fundamental) I. Carvalho Neto, Armando Coelho de. II. Título.

15-11255 CDD–372.634

**Índice para catálogo sistemático:**
1. Caligrafia : Ensino fundamental 372.634

**2018**

**ISBN 978 85 262 9821 7 (AL)**
**ISBN 978 85 262 9822 4 (PR)**

**Cód. da obra CL 739181**

**CAE 565 583 (AL) / 565 584 (PR)**

2ª edição
3ª impressão

**Impressão e acabamento**
**Bercrom Gráfica e Editora**

CÓPIA NÃO AUTORIZADA É CRIME
ABDR
ASSOCIAÇÃO BRASILEIRA DE DIREITOS REPROGRÁFICOS
RESPEITE O DIREITO AUTORAL
EDITORA AFILIADA

Os textos sem referência são de autoria de Maria Teresa Marsico e Armando Coelho.

# Apresentação

Querido aluno, querida aluna,

Preparamos este livro com muito carinho especialmente para você. Ele está repleto de situações e atividades motivadoras, que certamente vão despertar seu interesse e lhe proporcionar muitas descobertas. Esperamos que com ele você encontre satisfação no constante desafio de aprender!

Escrever corretamente e de modo legível é muito importante para que nossa comunicação seja eficiente. Por isso, criamos a coleção **Marcha Criança Caligrafia - com Ortografia e Gramática**. Nesta coleção, você encontra atividades importantes para dominar o traçado correto das letras e escrever com fluência.

Você também vai se divertir com jogos, adesivos e muito mais!

Bons estudos e um forte abraço,

*Maria Teresa e Armando*

ArtefatoZ/Arquivo da editora

# Conheça seu livro

Veja a seguir como o seu livro está organizado.

## Unidade

Seu livro está organizado em quatro Unidades. As aberturas são em páginas duplas. Em **O que vou estudar?**, você encontra um resumo do que vai aprender em cada Unidade.

## Capítulo

Nos capítulos você encontra atividades diversificadas e desafiadoras.

## Brincando e aprendendo

Esta seção encerra a Unidade. Nela, você retoma algum conteúdo da Unidade por meio de atividades lúdicas.

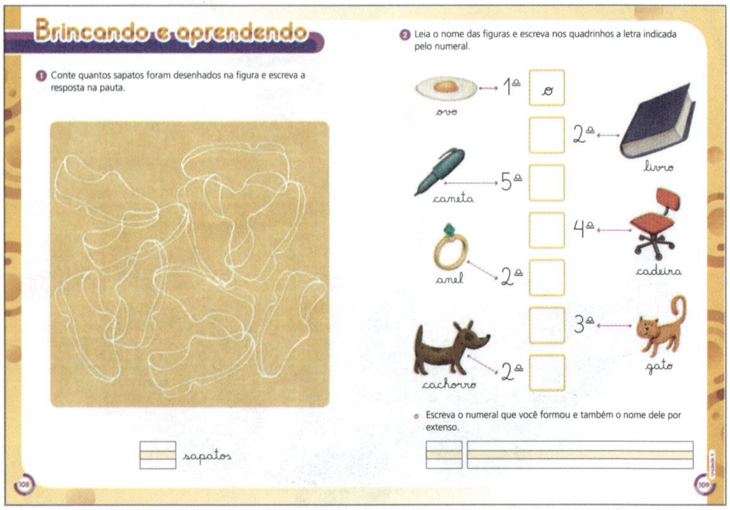

Sugestões para o aluno

Livros

**A panela da paz**, de Heloisa Prieto. São Paulo: Ática.
Europa, 1943: a Segunda Guerra Mundial continua fazendo vítimas. Em São Paulo, na Baixada Santista, Luiz e seus amigos se reúnem todos os dias para ler e ouvir as histórias, jogar bolinha de gude e conversar. Porém, diferenças sociais desencadeiam a guerra entre a turma do Luiz e a turma do rico Rogério.

**A rebelião dos acentos**, de William Tucci. São Paulo: Scipione.
Um dia, os sinais de pontuação resolvem fazer uma rebelião, pois estão cansados dos erros gramaticais cometidos pelas crianças. Tudo começa em uma madrugada em que Bruno não consegue dormir e resolve ler algumas histórias. Será que a rebelião terá sucesso?

**O galo cantou e ninguém sabe onde**, de Maria Betty Coelho Silva. São Paulo: Scipione.
De tanto ouvir o galo cantar no terreno vizinho, a menina aprende a fazer có... có... có... E sai com a avó, decidida a descobrir onde o galo mora. Perguntam para várias pessoas, mas ninguém sabe dizer. Onde será que o galo está?

**O livro dos pontos de vista**, de Ricardo Azevedo. São Paulo: Ática.
Em uma só família pode haver diversos pontos de vista! Este livro apresenta oito histórias que revelam oito maneiras diferentes de ver a vida e de avaliar as situações corriqueiras.

110

**Remar, rimar**, de Teresa Noronha. São Paulo: Scipione.
Aos poucos, o olhar infantil desvenda o mundo: a casa do jabuti, o sobe e desce do elevador ou o barulho do relógio. Descobertas de criança em linguagem poética, cheia de rimas e ritmo.

CD

**Palavra Cantada 10 anos**, de Palavra Cantada. Gravadora Palavra Cantada, 2004.
Este CD, gravado ao vivo, traz uma seleção de músicas que acompanham o crescimento das crianças, como **Rato**, **Sopa**, **Pomar**, **Pindorama**, entre outras.

Filme

**Divertida mente**. Direção de Pete Docter e Ronaldo Del Carmen. Estados Unidos: Pixar Animation Studios/Walt Disney Pictures, 2015. 1 DVD.
Riley é uma garota de 11 anos de idade. Dentro do cérebro dela convivem várias emoções diferentes, como a Alegria, a Tristeza, o Medo, a Raiva e a Nojinho. A líder é a Alegria, que se esforça para fazer com que a vida de Riley seja sempre feliz. Entretanto, uma confusão na sala de controle faz com que ela e a Tristeza sejam expelidas para fora do local. Agora, elas precisam retornar à sala de controle e, enquanto isto não acontece, a vida da garota muda radicalmente.

*Site**

**<http://disney.com.br/>**
*Site* que contém sinopses, *trailers*, jogos e curiosidades sobre as produções da Disney.

* Site acessado em: 6 dez. 2015.

111

## Sugestões para o aluno

Seleção de livros, CDs, *sites* e DVDs para complementar seus estudos e ampliar seus conhecimentos.

# Materiais de apoio

## Adesivos

Ao final de todos os volumes você encontra adesivos para colar nas atividades do livro.

## Pequeno escritor

Você vai recontar a história "A roupa nova do imperador" no livreto **Pequeno escritor**, que acompanha o livro. Preste atenção nas imagens, tente se lembrar das versões da história que você conhece e mãos à obra:

- Complete os trechos do narrador.
- Complete os balões de fala.
- Atente-se para que sua história tenha coerência, ou seja, tenha sentido do começo ao fim.

# Sumário

# Unidade 1

## O que vou estudar?

- Alfabeto e ordem alfabética
- Vogais e consoantes
- Encontros vocálicos
- Sílabas e sílabas tônicas
- Acentuação

Manter os livros organizados em ordem alfabética.
ILHA
HQ
SUPER PODERES
Fábulas

Capítulo 1

# Alfabeto

**1** Leia a cantiga abaixo em voz alta.

Alecrim, alecrim dourado
Que nasceu no campo
Sem ser semeado.
Foi o meu amor,
Que me disse assim:
Que a flor do campo é o alecrim.

Cantiga popular.

- Observe os versos a seguir e os reescreva na ordem correta.

Sem ser semeado.
Alecrim, alecrim dourado
Que nasceu no campo

Para falar, usamos os sons (a voz). Para escrever, usamos as letras.

O conjunto de letras é chamado de **alfabeto**. O alfabeto da língua portuguesa tem 26 letras.

2 Veja o alfabeto maiúsculo e minúsculo, com letra de imprensa e letra cursiva.

## Alfabeto maiúsculo

## Alfabeto minúsculo

3 Copie as letras com atenção.

j J

k K

l L

m M

n N

o O

p P

q Q

r R

s S
t T
u U
v V
w W
x X
y Y
z Z

4 Copie as palavras do quadro abaixo nos lugares indicados pela letra inicial delas.

| | | | | |
|---|---|---|---|---|
| goiaba | professora | caderno | aluno | zíper |

a → ______ →

parinyabinsuk/Shutterstock/Glow Images

c → ______ →

Gts/Shutterstock/Glow Images

g → ______ →

D.Shashikant/Shutterstock/Glow Images

p → ______ →

bikeriderlondon/Shutterstock/Glow Images

z → ______ →

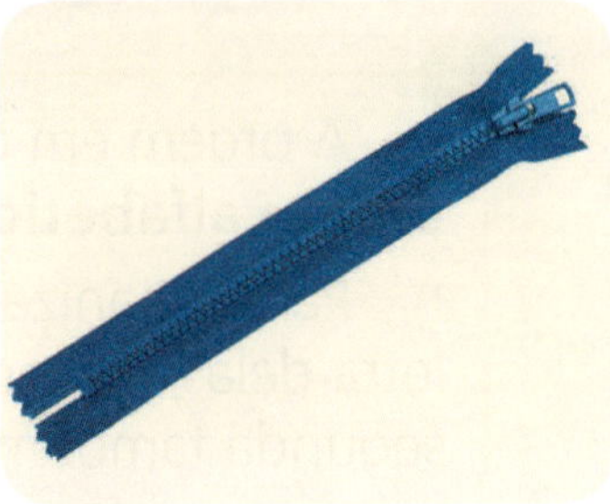

Evgeny Karandaev/Shutterstock/Glow Images

# Capítulo 2 Ordem alfabética

1 Circule a primeira letra de cada nome escrito nos cadernos.

- Agora copie os nomes na ordem em que as letras que você circulou aparecem no alfabeto.

1. ______________ 3. ______________

2. ______________ 4. ______________

A ordem em que as letras aparecem no alfabeto recebe o nome de **ordem alfabética**.

Para organizar as palavras em ordem alfabética, consideramos a primeira letra delas; quando a primeira letra for igual, consideramos a segunda; se a segunda também for igual, consideramos a terceira, e assim por diante.

2 Rita quer organizar os livros na prateleira. Para ajudá-la, escreva os títulos em ordem alfabética.

1.

2.

3.

4.

5.

6.

7.

# Capítulo 3 Vogais e consoantes

**1** Você sabe o que é **bergamota**? Leia o que diz este verbete de dicionário.

**bergamota (ber-ga-mo-ta)**

*substantivo*

Tangerina, mexerica.

**Aurelinho: dicionário infantil ilustrado da língua portuguesa**. Curitiba: Positivo, 2008.

GooDween123/Shutterstock/Glow Images

**a)** Agora, responda: o que é bergamota?

**b)** Nas palavras que você escreveu, circule as vogais e sublinhe as consoantes.

As letras **a**, **e**, **i**, **o**, **u** são chamadas **vogais**.

As letras **b**, **c**, **d**, **f**, **g**, **h**, **j**, **l**, **m**, **n**, **p**, **q**, **r**, **s**, **t**, **v**, **x**, **z** são chamadas **consoantes**.

As letras **k**, **w**, **y** são usadas em palavras estrangeiras, em nomes próprios e em abreviaturas e símbolos. A letra **k** tem som de consoante (como em ***k**art*); a letra **y** tem som de vogal (como em ***y**akisoba*); e a letra **w** ora tem som de vogal (como em **w**indsurfe), ora de consoante (como em **W**agner).

**Fique por dentro!**

Existem palavras formadas só por vogais. Mas não existem palavras formadas só por consoantes.

**2** Copie as palavras do quadro abaixo na coluna correta.

| | | | |
|---|---|---|---|
| invenção | maçã | acerola | Terra |
| brincadeira | universo | mar | |
| estátua | oceano | computador | |

| Palavras iniciadas por vogal | Palavras iniciadas por consoante |
|---|---|
| | |
| | |
| | |
| | |
| | |

**3** Usando somente as vogais e consoantes do quadro abaixo, escreva três palavras.

| | | | | | |
|---|---|---|---|---|---|
| a | r | t | l | i | s |

# Capítulo 4 Letra z no início e no final de sílaba

**1** Leia o texto abaixo.

Dezembro

O mês de dezembro é o décimo segundo e último mês do ano. Tem 31 dias. Seu nome deriva de December, do latim, relativo ao número dez, décimo mês do calendário romano.

iCreative3D/Shutterstock/Glow Images/Fotomontagem Fernanda Crevin

**Almanaque Ruth Rocha**, de Ruth Rocha. São Paulo: Salamandra, 2012. (Texto adaptado).

- Copie do texto as palavras que têm a letra **z**.

**2** Organize as letras para formar palavras que têm a letra **z**. **Dica**: A primeira letra já está escrita.

| e | z | r | o | → z |
|---|---|---|---|---|

| a | z | n | i | r | → n |
|---|---|---|---|---|---|

**3** Copie as palavras do quadro nos lugares indicados, separando as sílabas.

| | | | |
|---|---|---|---|
| beleza | bonzinho | | vizinho |
| capaz | duzentos | | cartaz |
| feroz | luz | dez | feliz |

**z** no início de sílaba

**z** no final de sílaba

**4** Escreva duas palavras com **z** no início de sílaba e duas com **z** no final de sílaba.

# Capítulo 5 Letra s em final de sílaba

1 Leia esta tirinha:

**Magali: a camponesinha comilona**, de Mauricio de Sousa. São Paulo: Panini Comics/Mauricio de Sousa Editora. n. 4, ago. 2015.

- Copie dos balões de fala as palavras com **s** no final de sílaba.

2 Complete as palavras a seguir com **as**, **es**, **is**, **os** ou **us** e depois copie-as.

c___cata c___co

___pantalho m___quito

b___quete ass___tado

c___tume l___ma

b___coito j___to

Capítulo 6

# Encontros vocálicos

**1** Copie a parlenda abaixo.

Dedo mindinho,
Seu-vizinho,
Pai de todos,
Fura-bolo,
Mata-piolho.

Parlenda popular.

- Circule na parlenda os encontros vocálicos do quadro a seguir.

| | | |
|---|---|---|
| eu | ai | io |

Quando duas ou mais vogais aparecem juntas, elas formam um **encontro vocálico**.

2 A parlenda que você leu apresenta, em forma de brincadeira, os dedos das mãos. Agora observe a imagem abaixo e leia o nome dos dedos.

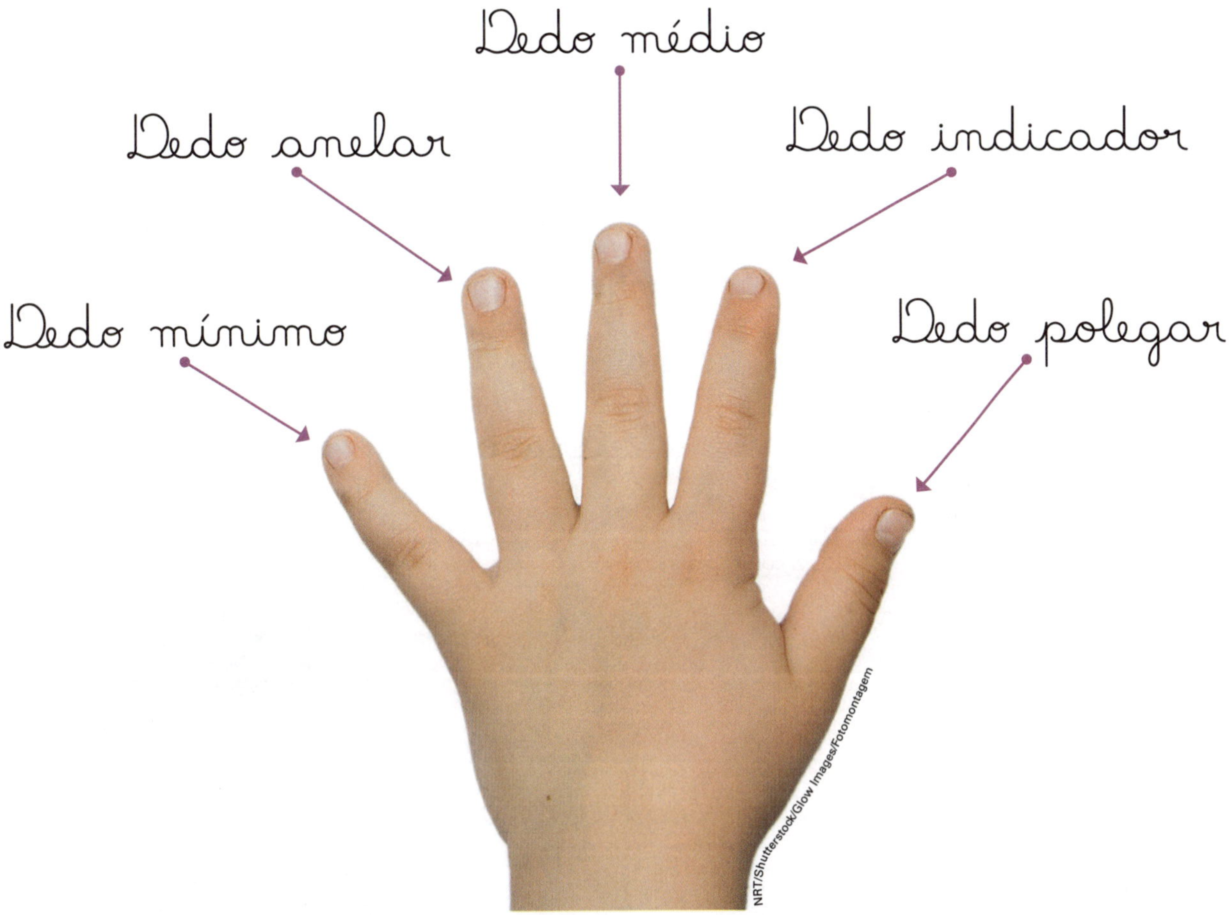


- Um desses nomes tem encontro vocálico. Escreva-o.

3 Leia as adivinhas e escreva ao lado de cada uma delas a resposta.
**Dica**: Todas as palavras têm encontro vocálico.

Construção bem grande e alta.

O amado de Julieta.

História curta e engraçada.

Capítulo 7

# h inicial; ch, lh, nh

**1** Leia o quadrinho.

- Copie do quadrinho as palavras que têm a letra **h**.

A letra **h** no início de palavra não representa som. Exemplo: **h**oje.

O **h** representa som quando, antes dele, vêm as letras **c**, **l** ou **n**. Exemplos: ca**ch**orro, o**lh**a, ama**nh**ã.

**2** Leia as palavras da coluna da esquerda. Reescreva-as na coluna da direita, inserindo a letra **h** e formando novas palavras. Veja o modelo.

| | | |
|---|---|---|
| fila | filha |  |
| coro | |  |
| mala | |  |
| mina | |  |
| cão | |  |
| sono | |  |
| toca | |  |
| bola | |  |

Capítulo 8

# lh, li

**1** Copie nas pautas as palavras destacadas de cada frase.

a) Com os milhões que ganhou, Caio ficou milionário.

b) Ofélia comprou mobília nova.

c) Natália deu milho às galinhas.

d) Júlio pediu ajuda à família.

e) Em julho iremos a Brasília.

**Fique por dentro!**

A pronúncia de algumas palavras com **lh** e com **li** é muito parecida, entretanto a escrita é diferente.

**2** Copie as palavras do quadro abaixo na coluna correta.

| | | | |
|---|---|---|---|
| folia | coelho | Itália | cílio |
| filho | galho | auxílio | abelha |

| lh | li |
|---|---|
| | |
| | |
| | |
| | |

**3** Complete as palavras com **lh** ou **li**.

Gina Smith/Shutterstock/Glow Images

SergANTstar/Shutterstock/Glow Images

Stacey Newman/Shutterstock/Glow Images

| | | |
|---|---|---|
| famí___a | sandá___a | pa___aço |

Capítulo 9

# Sílabas

**1** Veja as palavras **árvore** e **salada** divididas em partes.

| | | |
|---|---|---|
| ár | vo | re |
| sa | la | da |

- Agora, escreva as palavras completas.

**2** Junte as partes e forme palavras.

fa-quei-ro

guer-rei-ra

col-chão

re-po-lho

Cada parte da palavra que se pronuncia de uma só vez chama-se **sílaba**. Toda sílaba apresenta uma ou mais vogais.

**Fique por dentro!**

Ao fazer a separação das sílabas, os grupos **ch**, **lh**, **nh**, **gu** e **qu** ficam juntos. As letras repetidas (**ss**, **rr**) ficam em sílabas diferentes.

3 Leia a frase a seguir.

O pássaro fez o ninho no galho do pessegueiro.

- Copie as palavras destacadas de acordo com o número de sílabas.

| | | | |
|---|---|---|---|
| 1 sílaba → | | → | **monossílaba** |
| 2 sílabas → | | → | **dissílaba** |
| 3 sílabas → | | → | **trissílaba** |
| 4 sílabas → | | → | **polissílaba** |

De acordo com o número de sílabas, as palavras são classificadas em **monossílabas**, **dissílabas**, **trissílabas** ou **polissílabas**.

4 Escreva quantas sílabas tem cada palavra e depois classifique-a.

| Palavra | Número de sílabas | Classificação |
|---|---|---|
| ar | | |
| caderno | | |
| abacate | | |
| vento | | |

Capítulo 10

# S, SS

- Sérgio, Andressa e Isabel saíram para lanchar. Veja o cardápio que eles consultaram.

## Lanches

Olga Nayashkova/Shutterstock/Glow Images

sanduíche

Luiz Rocha/Shutterstock

salgado

Vladislav Gajic/Shutterstock/Glow Images

espeto de legumes

## Sobremesas

GooDween123/Shutterstock/Glow Images

salada de frutas

HLPhoto/Shutterstock/Glow Images

torta de morango

Dusan Zidar/Shutterstock/Glow Images

sorvete

## Bebidas

Alexey Saxarov/Shutterstock/Glow Images

suco

Surapong Naowasate/Shutterstock/Glow Images

água

Evgeny Karandaev/Shutterstock/Glow Images

refrigerante

- Procure no cardápio e escreva o que cada criança pediu.

Stuart Monk/Shutterstock/Glow Images

Luiz Rocha/Shutterstock

HLPhoto/Shutterstock/Glow Images

Alexey Saxarov/Shutterstock/Glow Images

Blend Images/Shutterstock/Glow Images

Olga Nayashkova/Shutterstock/Glow Images

DUSAN ZIDAR/Shutterstock/Glow Images

Surapong Naowasate/Shutterstock/Glow Images

v.s.anandhakrishna/Shutterstock/Glow Images

Vladislav Gajic/Shutterstock/Glow Images

GooDween123/Shutterstock/Glow Images

Evgeny Karandaev/Shutterstock/Glow Images

Sérgio:

Andressa:

Isabel:

No início de palavras usa-se apenas um **s**. Exemplos: sanduíche, salgado, Sérgio.

Capítulo 11

# Sílabas tônicas

**1** Leia as palavras e observe os destaques.

ca-**ju**

**mi**-lho

a-**bó**-bo-ra

As palavras têm sempre uma sílaba que é pronunciada com mais força: é a **sílaba tônica**.

A sílaba tônica pode ser: a última (ca**ju**), a penúltima (**mi**lho) ou a antepenúltima (a**bó**bora).

**2** Circule a sílaba tônica de cada palavra e escreva a posição dela (última, penúltima ou antepenúltima).

| Separação silábica | Posição da sílaba tônica |
|---|---|
| ja-ne-la | |
| ar-roz | |
| más-ca-ra | |

**3** Leia as palavras e observe a classificação.

| caju | milho | abóbora |
|---|---|---|
| última sílaba | penúltima sílaba | antepenúltima sílaba |
| oxítona | paroxítona | proparoxítona |

Quando a sílaba tônica é a última, a palavra é **oxítona**.
Quando a sílaba tônica é a penúltima, a palavra é **paroxítona**.
Quando a sílaba tônica é a antepenúltima, a palavra é **proparoxítona**.

- Escreva nas pautas a seguir o nome de cada fruta e circule a sílaba tônica.

Andrew Hagen/Shutterstock/Glow Images

Pichest/Shutterstock/Glow Images

Zadorozhna Natalia/Shutterstock/Glow Images

- Escreva as palavras da atividade anterior classificando-as como:

| oxítona | paroxítona | proparoxítona |
|---|---|---|
| | | |

Capítulo 12

# x com som de ch

**1** Observe as cenas.

**O amigo da Bruxinha**, de Eva Furnari. São Paulo: Moderna, 2002.

- Agora complete a frase de acordo com os quadrinhos.

A ______ e o gato

ficaram com medo do

______.

**2** Escreva na coluna correspondente o nome dos objetos a seguir.

Mega Pixel/Shutterstock/Glow Images

ghenadie/Shutterstock/Glow Images

nito/Shutterstock/Glow Images

granat/Shutterstock/Glow Images

Refat/Shutterstock/Glow Images

Winai Tepsuttinun/Shutterstock/Glow Images

| Palavras com **x** | Palavras com **ch** |
|---|---|
| | |
| | |
| | |

A letra **x** pode representar o som do **ch**.

Capítulo 13

# Acentuação

**1** Observe as figuras e copie as palavras do quadro no lugar correto.

margouillat photo/ Shutterstock/Glow Images

| manga | mangá |
|---|---|

tony french/Alamy/ Latinstock

não é

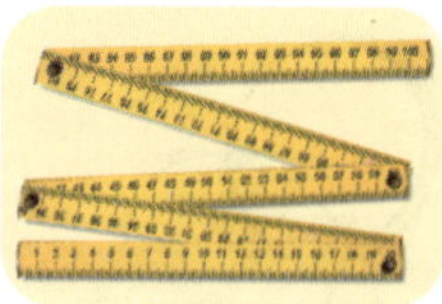
ekler/Shutterstock

| metro | metrô |
|---|---|

ninefera/Shutterstock/ Glow Images

não é

> Algumas palavras em língua portuguesa recebem acento para indicar a sílaba tônica. São os **acentos agudo** ´ e **circunflexo** ^.
> Os acentos são colocados somente sobre as vogais.

**2** Copie as palavras do quadro nos lugares indicados.

| bebê | pastel | café |
|---|---|---|

acento agudo →

acento circunflexo →

sem acento →

3 Circule as sílabas tônicas das palavras do quadro. Depois distribua as palavras nas colunas de acordo com a classificação de cada uma delas.

difícil gibi binóculo
bênção freguês estômago

| Oxítonas | Paroxítonas | Proparoxítonas |
| --- | --- | --- |
| | | |
| | | |

Todas as palavras proparoxítonas recebem acento.

4 Copie apenas o grupo de palavras proparoxítonas.

exército maracujá lúcido

lágrima pêndulo médico

vento calor atmosfera

# Brincando e aprendendo

- Siga as pistas abaixo e descubra o nome de cada gato. Escreva-os no final da página seguinte.

- Bela, Cristal e Ziza têm fita no pescoço.
- Cristal e Fofo estão no banco.
- Bela e Fofo olham para o passarinho.
- Geleia, Teco e Ziza são bem peludos, e Teco é branco e preto.
- Teco e Ziza tomam leite.

A →

D →

B →

E →

C →

F →

# Unidade 2

**O que vou estudar?**

- Substantivo próprio
- Substantivo comum
- Substantivo coletivo

Paula 10 pontos
Ju 8 pontos
Lucas 5 pontos
César 2 pontos

# Capítulo 1 ce, ci, ç

**1** Leia o trecho de uma reportagem de jornal.

## Não é brinquedo

É uma delícia ter um bicho de estimação para brincar e fazer companhia até na hora de levar bronca pela bagunça. [...]

É preciso ser tão companheiro quanto o bichinho, que não é um brinquedo que se deixa de lado quando enjoa – ele sente, e até adoece. Comida, água, passeios, limpeza e observação para saber se sua saúde está boa fazem parte da parceria.

[...]

**Folha de S.Paulo**, São Paulo, 31 out. 2009. Folhinha. Disponível em: <www1.folha.uol.com.br/folhinha/dicas/di31100901.htm>. Acesso em: 16 dez. 2015.

- Copie da reportagem as palavras destacadas.

| Palavras em que o som **sê** é representado pelas letras **c** e **ç**. | |
|---|---|
| | |
| | |
| | |

O som **sê** também pode ser representado pela letra **c**, acompanhada das vogais **e** e **i**, e pelo **ç** (cê-cedilha) acompanhado das vogais **a**, **o**, **u**.

**2** Copie as palavras substituindo ✪ por **c** ou **ç**. Se precisar, consulte um dicionário.

| | | |
|---|---|---|
| a✪eso | pre✪o | a✪aí |
| Igua✪u | ✪entavo | ✪iranda |
| ca✪ula | prin✪esa | bi✪icleta |

Capítulo 2

# sc, sç

1 Complete o texto com as palavras do quadro.

| |
|---|
| Adolescente nascimento cresçam |

O Estatuto da Criança e

do nasceu da

necessidade de oferecer às

crianças, desde o ,

garantias para que

protegidas e amparadas.

**2** Forme palavras juntando as sílabas de mesma cor.

nas | ço
cres
nas | men
flo
ci | res
to
ça | cer

O som **sê** também pode ser representado pelos grupos **sc** e **sç**.
Usa-se **sc** diante das vogais **e**, **i** (na**sci**mento, flore**sce**r).
Diante das vogais **a**, **o** usa-se **sç** (na**sço**, cre**sça**).

**3** Copie as palavras do quadro no lugar correto.

| | | |
|---|---|---|
| sagrado | cresço | pássaro |
| ciência | almoço | discípulo |

s →

ç →

ss →

sc →

c →

sç →

# Capítulo 3 Substantivo próprio e substantivo comum

**1** Leia a seguir as tirinhas do personagem Armandinho.

Quadrinhos: Armandinho/Alexandre Beck

**Armandinho sete**, de Alexandre Beck. Florianópolis: A. C. Beck, 2015.

**Fique por dentro!**

O apelido do personagem Armandinho é Dinho.

- Leia os substantivos extraídos das tirinhas e classifique-os conforme o quadro.

substantivo próprio | substantivo comum

☐ Dinho | Beto

☐ filho | pai

As palavras que você leu na página anterior são nomes, chamados também de **substantivos**.

São substantivos **próprios** quando indicam determinada pessoa, cidade, ou um título de livro, etc. Exemplos: **Dinho**, **Beto**.

Os substantivos **comuns** indicam qualquer pessoa, cidade, objeto, etc. Exemplos: **filho**, **pai**.

**2** Leia a frase a seguir.

*Armandinho é um personagem de tirinhas criado por Alexandre Beck.*

- Circule os substantivos próprios e sublinhe os substantivos comuns. Depois copie-os e pinte os quadrinhos seguindo o quadro da atividade 1.

**3** Escreva dois substantivos próprios e dois substantivos comuns.

| Substantivos próprios | Substantivos comuns |
| --- | --- |
| | |
| | |

# Capítulo 4

# m antes de b e p; m no final de palavras

**1** Observe a ilustração.

- Agora complete os itens a seguir de acordo com o texto do balão de fala.

| | |
|---|---|
| m antes de b | |
| m antes de p | |
| m no final de palavra | |

Usa-se **m** antes das consoantes **b** e **p** e em final de palavra.

**2** Junte as sílabas que têm símbolos da mesma cor para formar palavras.

| | | | | | | | |
|---|---|---|---|---|---|---|---|
| ál | em | co | bum | tem | gam | ra | tam |
| pes | bá | pa | ta | gem | da | de | pa |

**3** Escreva o nome das imagens abaixo na coluna correta.

diogoppr/Shutterstock/Glow Images

Denis Rozhnovsky/Shutterstock/Glow Images

extradeda/Shutterstock/Glow Images

CreativeNature R.Zwerver/Shutterstock/Glow Images

A. and I. Kruk/Shutterstock/GlowImages

Tony Hisgett/Wikimedia Commons

| **m** antes de **b** | **m** antes de **p** | **m** no final |
|---|---|---|
| | | |
| | | |

Capítulo 5

# n antes de consoante

**1** Leia um trecho do livro **Onde vivem os monstros**.

Na noite em que Max vestiu sua fantasia de lobo e saiu fazendo bagunça, uma atrás da outra, a mãe dele o chamou de "**Monstro!**" e Max disse "**Olha que eu te como!**" e acabou sendo mandado para a cama sem comer nada.

**Onde vivem os monstros**, de Maurice Sendak. São Paulo: Cosac Naify, 2014.

- Copie do texto as palavras com **n** antes de consoante.

Usa-se **m** antes de **b** e **p**. Antes das demais consoantes, usa-se **n**. Exemplos: bo**mb**a, ca**mp**o; ca**nt**or, o**nç**a.

**2** Copie as frases substituindo as imagens pelas palavras.

starman963/Shutterstock/Glow Images

cinto

MaZiKab/Shutterstock/Glow Images

morango

**a)** Eu sempre uso  de segurança quando ando de carro.

**b)** Adoro suco de .

# Capítulo 6 Substantivo coletivo

**1** Leia um trecho do texto **A barata medrosa e o coronel baratinado**.

[...] Coronel Drualdo enfrentava qualquer coisa. Em separado ou em batalhão.

Também, quando o seu vozeirão estremecia o ar, trovejando palavras, até as moscas exercitavam melhor as asas e saíam em disparada. Parecia estouro de boiada, tempestade no meio da noite, imagem de gigante na imaginação das crianças. [...]

**A barata medrosa e o coronel baratinado**, de Luzia de Maria. São Paulo: Scipione, 2011. Texto adaptado.

- Leia cada informação abaixo e escreva a palavra correspondente destacada no texto.

Alf Ribeiro/Shutterstock/Glow Images

Grande número de gado bovino

nikitabuida/Shutterstock/Glow Images

Grande número de soldados

As palavras **batalhão** e **boiada** são **substantivos coletivos**.

O substantivo coletivo é uma palavra que, mesmo estando no singular, indica um conjunto de seres da mesma espécie.

**2** Observe as fotos e escreva o substantivo coletivo correspondente consultando o quadro.

| | | |
|---|---|---|
| cardume | ramalhete | enxame |
| bando | cacho | biblioteca |

Leonardo Gonzalez/Shutterstock/Glow Images

Reluk/Shutterstock/Glow Images

Lipsett Photography Group/Shutterstock/Glow Images

LiliGraphie/Shutterstock/Glow Images

DavidPinoPhotography/Shutterstock/Glow Images

KAMONRAT/Shutterstock/Glow Images

Capítulo 7

# Sons do x

**1** Pinte o quadrinho de cada palavra de acordo com o som da letra **x**. Observe as cores do quadro.

| | | |
|---|---|---|
| som de **ch** | som de **z** | som de **s** |
| som de **ss** | som de **cs** | |

| | | |
|---|---|---|
| ☐ explosão | ☐ ameixa | ☐ exemplar |
| ☐ próxima | ☐ saxofone | ☐ lixo |

- Complete as frases com as palavras acima.

a) Comi uma _______________.

b) Ouvi uma forte _______________.

c) Li este _______________ do livro.

d) Vejo você na _______________ terça-feira.

e) Jorge sabe tocar

.

f) Jogue isso no .

**Fique por dentro!**

A letra **x** pode representar diferentes sons.

**2** Observe o som do **x** em cada palavra e copie-a no lugar correto.

| | | | | |
|---|---|---|---|---|
| exagero | xarope | máximo | fixar | sexta |
| enxergar | expor | anexar | auxiliar | êxito |

som de **ch** →

som de **z** →

som de **s** →

som de **ss** →

som de **cs** →

# Brincando e aprendendo

- Cole os adesivos que estão no final do livro nos espaços indicados pelos números. Depois escreva nos quadrinhos os substantivos coletivos referentes aos elementos das fotos.

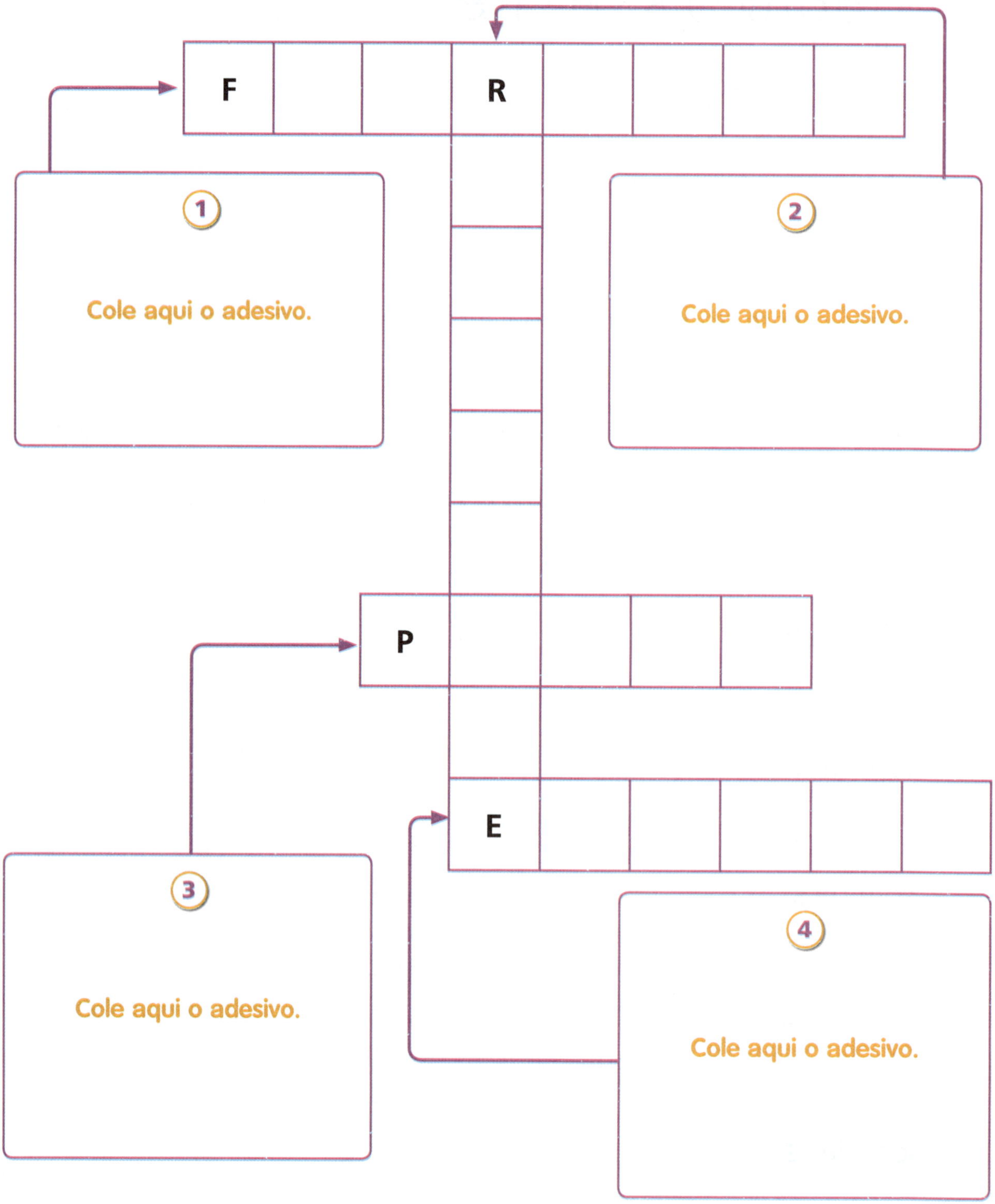

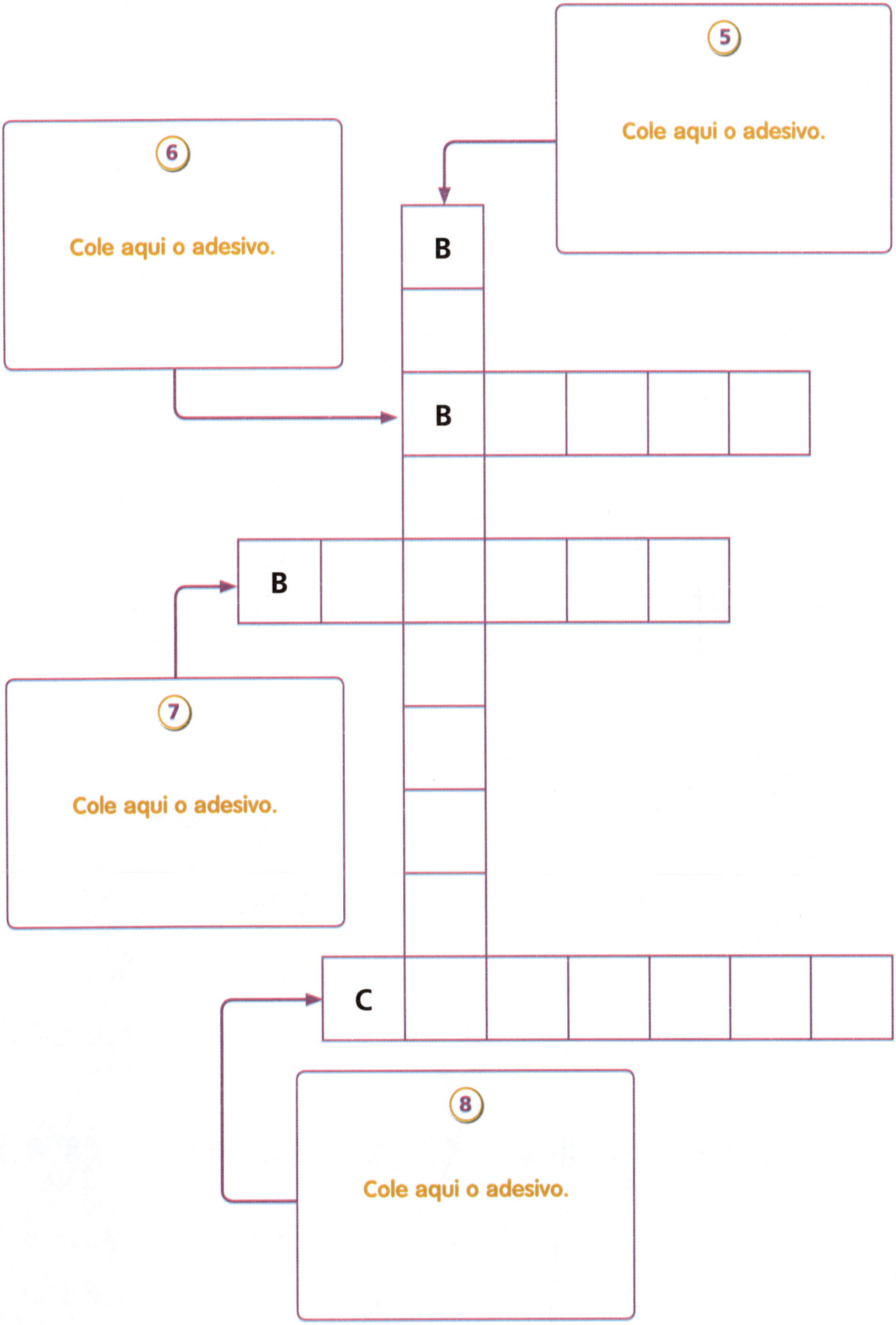
5
Cole aqui o adesivo.
6
Cole aqui o adesivo.
B
B
B
7
Cole aqui o adesivo.
C
8
Cole aqui o adesivo.

# Unidade 3

**O que vou estudar?**

- Substantivo singular e plural
- Substantivo masculino e feminino
- Adjetivo

Capítulo 1

# ge, gi; je, ji

**1** Leia o *e-mail* a seguir.

ESCREVER

Entrada (1)
Importante
Enviados
Rascunhos
Pessoal
Contatos

Mais

De: Jeremias
Para: Regina
Data: quarta-feira 15:30
Assunto Voltando de viagem

N I S

Oi, Regina, tudo bem?

Voltei de viagem ontem. Recife é uma delícia. Depois mostro as fotos pra você, mas preciso mandar uma agora, da jiboia enorme que vi num parque.

Estou com saudades. Espero te encontrar ainda esta semana.

Jeremias.

Patrick K. Campbell/Shutterstock/Glow Images

- Copie do *e-mail* as palavras com **ge**, **gi**, **je**, **ji**.

Diante das vogais **e**, **i**, a letra **g** representa o mesmo som da letra **j**.

**2** Organize as letras e escreva o nome das figuras.

Flaxphotos/Shutterstock/Glow Images

g u e j e

Sam DCruz/Shutterstock/Glow Images

p i j e

Evgeny Karandaev/Shutterstock/Glow Images

g l e o

Vadim Petrakov/Shutterstock/Glow Images

g a r i a f

Capítulo 2

# Substantivo singular e substantivo plural

**1** Leia um trecho da matéria de um jornal infantil.

Reprodução/Arquivo da editora

Dizem que contar carneirinhos é o melhor remédio para as horas em que o sono não chega. No filme "Shaun, o Carneiro" [...], o efeito é o contrário: os bichos aprontam tanto que a gente assiste sem nem piscar.

Ovelhas negras, de Cássio Starling. **Folhinha**, São Paulo, 5 set. 2015.

- Copie nas pautas correspondentes as palavras destacadas no texto.

| Indica um elemento | Indica mais de um elemento |
| --- | --- |
| | |

Um substantivo pode estar no **singular**, indicando um só elemento, ou no **plural**, indicando mais de um elemento.

Existem diferentes maneiras de formar o plural das palavras. Alguns exemplos: so**m** → so**ns**; avi**ão** → avi**ões**; p**ão** → p**ães**; co**r** → co**res**.

**2** Escreva os substantivos no plural. Siga os modelos.

| folhagem | folhagens |
|---|---|
| trem | |
| jovem | |

| pão | pães |
|---|---|
| cão | |
| escrivão | |

| apontador | apontadores |
|---|---|
| flor | |
| cor | |

| quintal | quintais |
|---|---|
| hospital | |
| jornal | |

Capítulo 3

# Palavras terminadas em -isar e -izar

**1** Leia as frases.

A prefeita quer arborizar as ruas.

Os cientistas vão pesquisar as causas do terremoto.

Os agentes de saúde terão de analisar a água.

Precisamos agilizar o trabalho.

- Agora copie dessas frases:

duas palavras terminadas em **-isar**

duas palavras terminadas em **-izar**

Quando a palavra que dá origem a outra palavra tem **s** na última sílaba, usa-se a terminação **-isar** (por exemplo: pesqui**s**a → pesqu**isar**).

Quando a palavra que dá origem a outra palavra não tem **s** na última sílaba, usa-se a terminação **-izar** (por exemplo: final → final**izar**).

**2** Observe as palavras e forme outras palavras da mesma família usando **-isar** ou **-izar**. Veja o modelo.

| | | |
|---|---|---|
| colônia | → | colonizar |
| buzina | → | |
| revisão | → | |
| centro | → | |
| local | → | |
| atual | → | |
| final | → | |
| piso | → | |

**3** Complete cada frase com uma das palavras do quadro.

utilizar aterrorizar

**a)** Tornar útil é ______.

**b)** Provocar terror é ______.

Capítulo 4

# Substantivo masculino e substantivo feminino

**1** Complete as frases com as palavras dos quadros.

juiz

bikeriderlondon/Shutterstock/Glow Images

wavebreakmedia/Shutterstock/Glow Images

juíza

O ________ Carlos e a ________ Caroline são amigos.

cão

Utekhina Anna/ Shutterstock/ Glow Images

dien/ Shutterstock/ Glow Images

cadela

Luísa tem um ________ e uma ________ muito dóceis.

Todos os substantivos são **masculinos** ou **femininos**.

Os substantivos masculinos podem vir acompanhados de **o**, **os**; **um**, **uns**. Os substantivos femininos podem vir acompanhados de **a**, **as**; **uma**, **umas**.

**2** Observe o modelo e continue escrevendo **a** ou **o** diante das palavras.

| | | |
|---|---|---|
| a planta | chão | noite |

| | | |
|---|---|---|
| brisa | terra | água |

| | | |
|---|---|---|
| Sol | mar | céu |

**a)** Copie o grupo que só tem palavras do gênero masculino.

| | | |
|---|---|---|
| | | |

**b)** Agora copie o grupo que só tem palavras do gênero feminino.

| | | |
|---|---|---|
| | | |

**3** Escreva o masculino ou o feminino das palavras.

| Masculino | Feminino |
|---|---|
| | leitora |
| herói | |
| padrinho | |

Capítulo 5

# Adjetivo

1 Leia mais um trecho do livro **A barata medrosa e o coronel baratinado**.

[...] a coragem escolheu por moradia o vultoso coronel Drualdo. Ele não tinha medo de nada. Era do tipo de pessoa que se gaba de muitas qualidades de coragem: coragem forte, intrépida, destemida [...]

**A barata medrosa e o coronel baratinado**, de Luzia de Maria. São Paulo: Scipione, 2011.

- Sublinhe no texto a qualidade do coronel Drualdo e as qualidades da palavra **coragem**.

As palavras que você sublinhou no texto são **adjetivos**.

**Adjetivos** são palavras que indicam qualidades, características dos substantivos.

**2** Escreva os adjetivos destacados, fazendo as mudanças necessárias. Veja o modelo.

avião **moderno**

aviões modernos

tia **amorosa**

tio

brincadeiras **barulhentas**

brinquedo

**3** Copie um substantivo e um adjetivo de cada quadro e combine-os. Veja o modelo.

| | |
|---|---|
| substantivos: | ~~gato~~ flores tênis |
| adjetivos: | perfumadas ~~dengoso~~ marrom |

### Substantivos e adjetivos

gato dengoso

Capítulo 6

# s entre vogais

**1** Copie as palavras do quadro nos lugares indicados.

| | | | |
|---|---|---|---|
| camiseta | gesso | música | passeio |

**s** entre vogais: som de **z** →

**ss** entre vogais: som de **s** →

A letra **s** entre vogais tem som de **z**.

**2** Copie as palavras, completando-as de acordo com os símbolos do quadro.

✪ z ✪ s

a✪ulado ca✪ulo a✪edo

ca✪ebre cin✪a me✪a

**3** Forme substantivos femininos, acrescentando a letra **a** aos substantivos masculinos abaixo.

- português →
- japonês →
- inglês →
- francês →

**4** Siga as setas e forme palavras.

- estudi
- curi
- gul
- maravilh
- preguiç

oso

Capítulo 7

# s após consoante

1 Leia um trecho do livro **Lúcia Já-Vou-Indo**.

Nesse instante,
o relógio da sala
bateu três horas
da tarde e Lúcia
teve um sobressalto.
Pois não é que
já perdera duas
horas pensando
naquelas coisas?
E começou
a se arrumar
afobadamente.

**Lúcia Já-Vou-Indo**, de Maria Heloísa Penteado. São Paulo: Ática, 2014.

- Copie do texto as palavras que têm **s** depois de consoante.

Depois de consoante, usa-se apenas um **s**.

**2** Complete as frases com as palavras do quadro.

| | | |
|---|---|---|
| brasiliense | cearense | paraense |

Quem nasce no Pará é ______________________.

Quem nasce no Ceará é ______________________.

Quem nasce em Brasília é ______________________.

**3** Copie as palavras do quadro de acordo com as indicações.

| | | | | |
|---|---|---|---|---|
| mosquito | aviso | manso | samba | festa |
| passado | selo | curioso | verso | grosso |

| | | |
|---|---|---|
| **s** inicial → | | |
| **s** entre vogais (som de **z**) → | | |
| **s** em final de sílaba → | | |
| **ss** → | | |
| **s** após consoante → | | |

# Capítulo 8 ns após vogal

**1** Escreva as frases abaixo nas pautas das imagens correspondentes.

*Os trens transportam passageiros.*

*O vidro é transparente.*

*Alice anda de patins.*

*Um agrupamento de estrelas chama-se constelação.*

Tatyana Vyc/Shutterstock

Basileus/Shutterstock/Glow Images

Rogelio Bernal Andreo/Nasa

Tooykrub/Shutterstock/Glow Images

- Circule as palavras que têm **ns** nas frases que você escreveu.

**2** Copie as palavras do quadro nos lugares indicados.

| passagens | monstro | construção | afins |
|---|---|---|---|

singular →

plural →

# Brincando e aprendendo

- Leia os adjetivos anotados nos papéis coloridos. Eles descrevem alguns substantivos que estão representados nos adesivos no final do livro. Cole esses adesivos nos espaços indicados. Depois escreva os substantivos.

recheados

doces

Cole aqui o adesivo.

peluda

selvagem

Cole aqui o adesivo.

cremosa

saborosa

Cole aqui o adesivo.

altas

africanas

Cole aqui o adesivo.

divertido

colorido

Cole aqui o adesivo.

elegante

azul

Cole aqui o adesivo.

# Unidade 4

**O que vou estudar?**

- Pronome
- Verbo
- Verbo: presente, passado e futuro
- Numeral

Teatro de Fantoches

## Capítulo 1 Pronome

1 Copie os textos, substituindo ✪ por um dos pronomes abaixo.

| Ela | Ele | eles |
| --- | --- | --- |

Os porcos são mamíferos, ou seja, ✪ se alimentam do leite da mãe. ✪ pode ter vários filhotes de uma vez.

O coelho também é um animal mamífero. ✪ tem o corpo coberto de pelo.

As palavras **ela**, **ele** e **eles** substituem os nomes (substantivos), por isso são chamadas **pronomes**.

São pronomes: **eu**, **tu**, **ele**, **ela**, **você** (singular); **nós**, **vós**, **eles**, **elas**, **vocês** (plural).

**2** Copie as frases substituindo os nomes destacados por um dos pronomes dos quadros.

ela | ele

a) Carla chegou. Carla viaja muito.

b) Rubens comprou um bombom. Rubens adora doces.

**3** Copie as frases passando os pronomes destacados para o plural. Faça as adaptações necessárias.

a) Eu já li muitos livros.

b) E você, gosta de ler?

# Capítulo 2 r após n e l

1 Leia o texto.

O corpo dos peixes geralmente é coberto por escamas. Assim como nós, eles também necessitam de oxigênio para viver. Nós o retiramos do ar, mas os peixes o retiram da água por meio de suas guelras.

Willyam Bradberry/Shutterstock/Glow Images

a) Circule no texto as palavras em que aparece a letra **r**.

b) Copie a única palavra em que o **r** está depois de uma consoante.

Depois de consoante, usa-se apenas um **r**.

**2** Substitua os números pelas sílabas correspondentes e complete as frases.

| 1 | 2 | 3 | 4 | 5 | 6 | 7 | 8 | 9 |
|---|---|---|---|---|---|---|---|---|
| ten | ri | en | Hen | ro | que | re | gen | do |

a) Esse fruto está ______ .
1, 5

b) Que ______ emocionante!
3, 7, 9

c) O senhor ______ chamou
4, 2, 6

o ______ para ajudá-lo.
8, 5

**3** Copie a frase.

A leitura enriquece o vocabulário.

Capítulo 3

# Verbo

**1** Leia esta tirinha do Snoopy.

Peanuts, Charles Schulz © 1985 Peanuts Worldwide LLC./Dist. by Universal Uclick.

**Snoopy 3: Assim é a vida, Charlie Brown!**, de Charles Schulz. Porto Alegre: L&PM, 2011.

- As palavras destacadas na tirinha indicam ação. Copie-as.

As palavras que você escreveu são verbos de ação.
Os **verbos** são palavras que indicam ação, estado ou fenômeno da natureza.

**2** Copie embaixo das figuras o verbo correspondente à ação que as crianças estão praticando.

dançar pular estudar comer correr ouvir

- Agora desenhe uma figura representando uma ação e escreva na pauta o verbo correspondente.

# Capítulo 4 r em final de sílaba

**1** Leia a história em quadrinhos a seguir.

Almanaque **Historinhas de uma página Turma da Mônica**, de Mauricio de Sousa. São Paulo: Panini Comics/Mauricio de Sousa Editora, n. 5, fev. 2010.

- Copie nos lugares indicados as palavras com **ar**, **er**, **ir** ou **or** da história em quadrinhos.

ar →

er →

ir →

or →

**2** Complete as palavras com **ar**, **er**, **or** ou **ur** e saiba um pouco sobre os animais das fotos.

anshu18/Shutterstock/Glow Images

Os m___cegos d___mem
em cav___nas ou
em ___vores.

AndreAnita/Shutterstock/Glow Images

O ___so-pol___
é um bom
nadad___.

Capítulo 5

# r inicial e rr

1. Leia a fábula.

## O leão e o rato

Certa vez um rato passou correndo sobre o rosto de um leão.

O leão prendeu o rato e este rogou-lhe:

— Por favor, não me mate, pois um dia, com certeza, retribuirei sua bondade.

O leão riu muito, mas soltou-o.

Pouco tempo depois, o leão foi preso por caçadores, que o amarraram com fortes cordas.

O ratinho, reconhecendo os rugidos do leão, aproximou-se, roeu a corda que o prendia e soltou-o, dizendo:

— Viu como é possível, mesmo para um ratinho como eu, socorrer um poderoso leão?

**Fábula de Esopo**, recontada pelos autores.

**a)** Copie a primeira frase do texto.

**b)** Na frase que você copiou, sublinhe as palavras iniciadas por **r** e circule a que tem **rr**.

**c)** Sublinhe no texto todas as palavras iniciadas por **r** e circule as que têm **rr**. Depois copie-as nos lugares indicados.

**r** inicial

**rr**

No início de palavras usa-se apenas um **r**.
O **r** em início de palavras e o **rr** indicam som forte.

# Capítulo 6 r entre vogais

**1** Leia um trecho do conto **A festa no céu**.

Uma maravilha de festa ia acontecer no céu. O convite avisava:

"Quem tem asas está sendo esperado."

Foram muitos os animais que ficaram tristes porque não sabiam voar. O sapo, mais que todos, não se conformava. Porém, quando viu o urubu pegando seu violão para afinar, teve uma ideia: escondeu-se dentro do instrumento. E assim foi de carona para a festa no céu, na qual só havia animais que sabiam voar.

Conto popular, recontado pelos autores.

a) Copie do texto as palavras destacadas.

b) Nas palavras que você copiou, circule as vogais que estão antes e depois do **r**.

Quando a letra **r** está entre vogais, tem o som fraco.

**2** Vamos terminar a história? Copie-a a seguir.

*Para voltar da festa, o sapo escondeu-se no violão.*

*O urubu virou o violão,*

*e o sapo caiu.*

Capítulo 7

# Verbo: tempo presente

**1** Leia o que Lúcia escreveu no caderno.

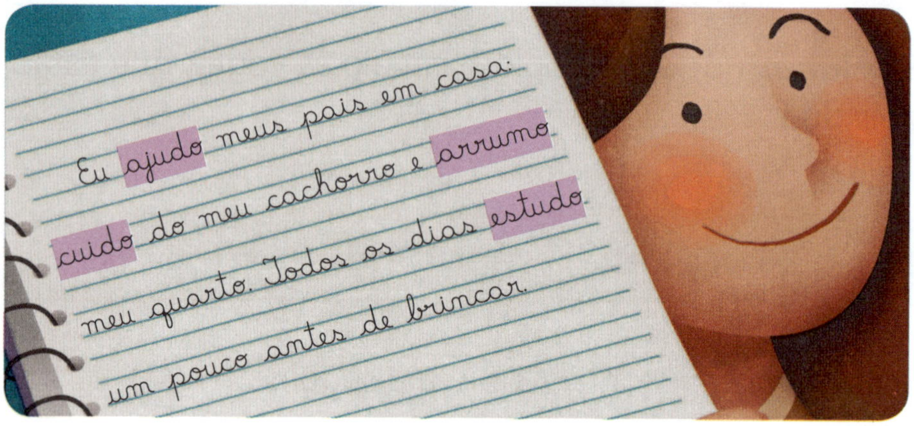


- Copie os verbos destacados.

Os verbos variam para indicar a pessoa que pratica a ação e quando ela é realizada – tempo **presente**, **passado** ou **futuro**.

Os verbos que você escreveu estão no tempo **presente**.

O tempo presente expressa um fato que ocorre no momento em que se fala ou ocorre com frequência.

**2** Reescreva o texto de Lúcia da atividade anterior deixando-o no plural. Substitua os pronomes e os verbos. Consulte os quadros.

pronomes → nós nosso

verbos → ajudamos cuidamos arrumamos estudamos

Nós

**3** Leia as frases. Copie o que é pedido de acordo com o símbolo.

| | | |
|---|---|---|
| ★ substantivo | ★ adjetivo | ★ verbo |

**a)** Adoro os cachorros pequenos.

★

★

★

**b)** Queremos o doce colorido.

★

★

★

Capítulo 8

# Verbo: tempo passado

**1** Leia um trecho do livro **Alice no País das Maravilhas**.

A Duquesa segurou carinhosamente o braço de Alice e caminhou ao seu lado, dizendo:

— Você nem imagina o quanto eu estou feliz em tornar a vê-la.

A menina estranhou a mudança de temperamento da Duquesa, mas atribuiu sua ferocidade anterior ao excesso de pimenta, e pensou: "Quando eu for Duquesa" (embora não tivesse muita certeza disso), "vou proibir pimenta na minha cozinha. Deve ser a pimenta que deixa as pessoas zangadas, o vinagre que as torna azedas e o açúcar as adoça. Creio que os adultos deviam permitir às crianças comer mais doces para ficarem mais suaves...".

**Alice no País das Maravilhas**, de Lewis Carroll. São Paulo: Scipione, 2014.

- Observe os verbos destacados no texto e copie-os nos lugares indicados.

**Verbos no tempo presente**

| | |
|---|---|
| | |
| | |

**Verbos no tempo passado**

| | |
|---|---|
| | |
| | |

Os verbos que indicam uma ação que já ocorreu estão no tempo **passado**.

**2** Complete as frases com os verbos do quadro.

| ando | gostou | comprou | alcanço |
|---|---|---|---|

a) Eu ______ devagar, mas
sempre ______ o Pedro.

b) Júlia ______ da bola
e a ______.

Capítulo 9

# Verbo: tempo futuro

Reprodução/Arquivo da editora

**1** Leia a sinopse do filme **Divertida mente**.

Riley é uma garota divertida de 11 anos de idade, que enfrentará mudanças importantes em sua vida ao se mudar de cidade. Dentro do cérebro de Riley (a sala de controle) convivem várias emoções diferentes, como a Alegria, o Medo, a Raiva, o Nojinho e a Tristeza.

Um desentendimento colocará para fora da sala de comando a Alegria e a Tristeza. Elas precisarão percorrer as várias ilhas existentes nos pensamentos de Riley para que possam retornar.

Sinopse de **Divertida mente**. **A cidade**, Ribeirão Preto, 18 jun. 2015. Cinema. Disponível em: <www.jornalacidade.com.br/entretenimento/cinema/Sinopse.aspx?filmeid=10186>. Acesso em: 3 set. 2015.

- Copie as palavras destacadas no texto.

Os verbos que você escreveu indicam uma ação que ainda não ocorreu. Estão no tempo **futuro**.

**2** Leia o que está escrito em cada item a seguir.

Verbos no tempo **presente**

canto canta cantamos cantam

Verbos no tempo **passado**

cantei cantou cantamos cantaram

Verbos no tempo **futuro**

cantarei cantará cantaremos cantarão

- Agora complete as frases utilizando um dos verbos de cada item.

**a)** presente

Eu ______ há muitos anos.

**b)** passado

Elas ______ ontem.

**c)** futuro

Nós ______ amanhã.

Capítulo 10

# -am ou -ão em final de palavra

**1** Observe as imagens e copie as frases substituindo ✪ por um dos tempos verbais.

Dragon Images/Shutterstock

jogaram

jogarão

a) Caio e Benê ✪ basquete.

Volt Collection/Shutterstock/Glow Images

chegaram

chegarão

b) Bruna e Jorge ✪ ao mercado.

Syda Productions/Shutterstock/Glow Images

viajaram

viajarão

c) Carla e Manuela ✪ amanhã.

2 Copie os verbos dos quadros da atividade 1 na coluna correta. Veja o modelo.

| Verbos no passado | Verbos no futuro |
|---|---|
| jogaram | |
| | |
| | |

# Capítulo 11 Numeral

1 Observe o modelo e continue a atividade.

1 | 1 | um | um

2 | | dois |

3 | | três |

4 | | quatro |

5 | | cinco |

6 seis

7 sete

8 oito

9 nove

10 dez

Uma das funções do **numeral** é indicar quantidade.

Usando apenas os algarismos 0, 1, 2, 3, 4, 5, 6, 7, 8 e 9, podemos escrever qualquer número.

**2** As crianças se preparam para uma gincana. Observe as figuras e numere-as de acordo com as indicações.

Um grupo de 10 elementos chama-se **dezena**.

**3** Conte as figuras para completar a atividade. Veja o modelo.

10 + 1 = 11 — onze

10 + 2 =

10 + 3 =

10 + 4 =

10 + 5 =

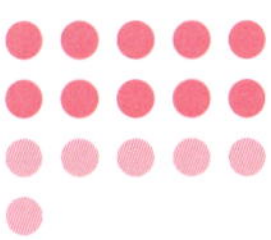
10 + 6 =

10 + 7 =

10 + 8 =

10 + 9 =

10 + 10 =

4 Leia a cantiga e circule os números que indicam a ordem em que os cavalheiros acudiram Teresinha.

Teresinha de Jesus
De uma queda foi ao chão
Acudiram três cavalheiros
Todos três chapéu na mão.
O primeiro foi seu pai,
O segundo, seu irmão,
O terceiro foi aquele
A quem Teresa deu a mão.

Cantiga popular.

Além de indicar um número exato (1, 2, 3, por exemplo), o numeral pode indicar a posição que alguém ou algo ocupa em uma ordem. É chamado numeral **ordinal** (1º – primeiro, 2º – segundo, 3º – terceiro, por exemplo).

5 Copie a frase abaixo substituindo as palavras destacadas pelo numeral ordinal correspondente.

O casal tem três filhos. O do meio estuda inglês.

**6** Copie os numerais ordinais. Veja o modelo.

primeiro segundo terceiro
quarto quinto sexto sétimo
oitavo nono décimo

| | | |
|---|---|---|
| 1º | → | primeiro |
| 2º | → | |
| 3º | → | |
| 4º | → | |
| | → | |
| | → | |
| | → | |
| | → | |
| | → | |
| | → | |

# Brincando e aprendendo

1 Conte quantos sapatos foram desenhados na figura e escreva a resposta na pauta.

sapatos

**2** Leia o nome das figuras e escreva nos quadrinhos a letra indicada pelo numeral.

ovo → 1ª [ o ]

livro → 2ª [ ]

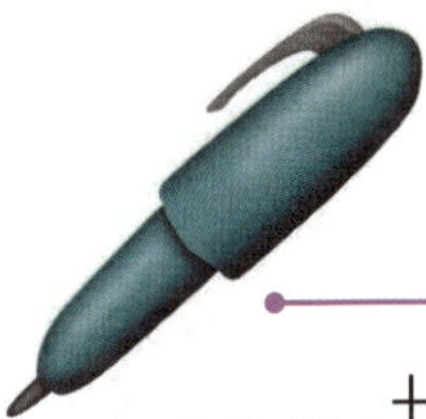

caneta → 5ª [ ]

cadeira → 4ª [ ]

anel → 2ª [ ]

gato → 3ª [ ]

cachorro → 2ª [ ]

- Escreva o numeral que você formou e também o nome dele por extenso.

# Livros

Reprodução/Ed. Ática

**A panela da paz**, de Heloisa Prieto. São Paulo: Ática.

Europa, 1943: a Segunda Guerra Mundial continua fazendo vítimas. Em São Paulo, na Baixada Santista, Luiz e seus amigos se reúnem todos os dias para ler e ouvir as histórias, jogar bolinha de gude e conversar. Porém, diferenças sociais desencadeiam a guerra entre a turma do Luiz e a turma do rico Rogério.

Reprodução/Ed. Scipione

**A rebelião dos acentos**, de William Tucci. São Paulo: Scipione.

Um dia, os sinais de pontuação resolvem fazer uma rebelião, pois estão cansados dos erros gramaticais cometidos pelas crianças. Tudo começa em uma madrugada em que Bruno não consegue dormir e resolve ler algumas histórias. Será que a rebelião terá sucesso?

Reprodução/Ed. Scipione

**O galo cantou e ninguém sabe onde**, de Maria Betty Coelho Silva. São Paulo: Scipione.

De tanto ouvir o galo cantar no terreno vizinho, a menina aprende a fazer có... có... có... E sai com a avó, decidida a descobrir onde o galo mora. Perguntam para várias pessoas, mas ninguém sabe dizer. Onde será que o galo está?

Reprodução/Ed. Ática

**O livro dos pontos de vista**, de Ricardo Azevedo. São Paulo: Ática.

Em uma só família pode haver diversos pontos de vista! Este livro apresenta oito histórias que revelam oito maneiras diferentes de ver a vida e de avaliar as situações corriqueiras.

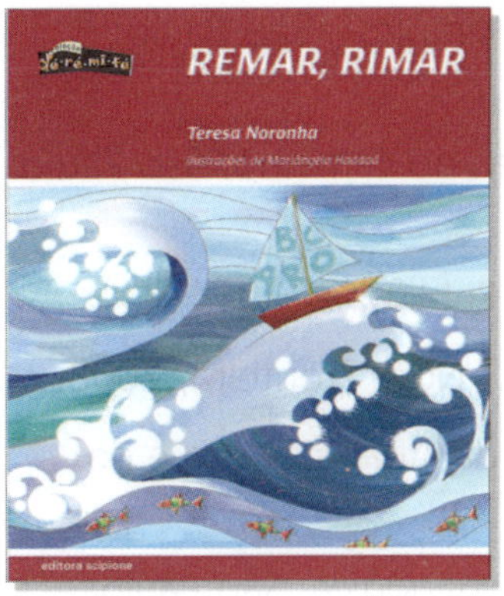

Reprodução/Ed. Scipione

**Remar, rimar**, de Teresa Noronha. São Paulo: Scipione.

Aos poucos, o olhar infantil desvenda o mundo: a casa do jabuti, o sobe e desce do elevador ou o barulho do relógio. Descobertas de criança em linguagem poética, cheia de rimas e ritmo.

## CD

Reprodução/Arquivo da editora

**Palavra Cantada 10 anos**, de Palavra Cantada. Gravadora Palavra Cantada, 2004.

Este CD, gravado ao vivo, traz uma seleção de músicas que acompanham o crescimento das crianças, como **Rato**, **Sopa**, **Pomar**, **Pindorama**, entre outras.

## Filme

Reprodução/Arquivo da editora

**Divertida mente**. Direção de Pete Docter e Ronaldo Del Carmen. Estados Unidos: Pixar Animation Studios/Walt Disney Pictures, 2015. 1 DVD.

Riley é uma garota de 11 anos de idade. Dentro do cérebro dela convivem várias emoções diferentes, como a Alegria, a Tristeza, o Medo, a Raiva e a Nojinho. A líder é a Alegria, que se esforça para fazer com que a vida de Riley seja sempre feliz. Entretanto, uma confusão na sala de controle faz com que ela e a Tristeza sejam expelidas para fora do local. Agora, elas precisam retornar à sala de controle e, enquanto isto não acontece, a vida da garota muda radicalmente.

## *Site*@

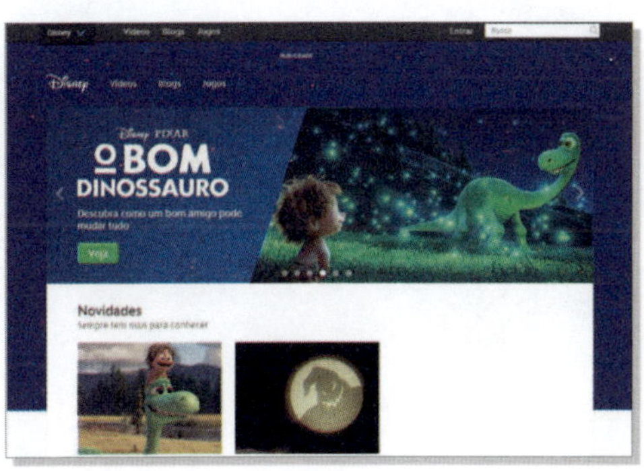

Reprodução/<http://disney.com.br>

**<http://disney.com.br/>**

*Site* que contém sinopses, *trailers*, jogos e curiosidades sobre as produções da Disney.

@ *Site* acessado em: 6 dez. 2015.

ANTUNES, Irandé. *Gramática contextualizada:* limpando "o pó das ideias simples". São Paulo: Parábola Editorial, 2007.

________. *Muito além da Gramática:* por um ensino de línguas sem pedras no caminho. São Paulo: Parábola Editorial, 2007.

AZEREDO, J. C. de. *Gramática Houaiss da Língua Portuguesa*. São Paulo: Publifolha, 2014.

BECHARA, E. *O que muda com o novo acordo ortográfico*. Rio de Janeiro: Nova Fronteira, 2008.

BELINTANE, Claudemir. *Oralidade e Alfabetização:* uma nova abordagem da Alfabetização e do Letramento. São Paulo: Cortez, 2013.

BERNABEU, Natalia; GOLDSTEIN, Andy. *A brincadeira como ferramenta pedagógica*. São Paulo: Paulinas, 2012. (Pedagogia e Educação).

CAMARA JÚNIOR, Joaquim Mattoso. *Manual de expressão oral e escrita*. Petrópolis: Vozes, 2011.

CEGALLA, D. P. *Dicionário de dificuldades da língua portuguesa*. Rio de Janeiro: Lexikon, 2009.

CIPRO NETO, P. *O dia a dia da nossa língua*. São Paulo: Publifolha, 2002.

INSTITUTO ANTÔNIO HOUAISS; AZEREDO, José Carlos de (Coord.). *Escrevendo pela nova ortografia*: como usar as regras do novo acordo ortográfico da Língua Portuguesa. São Paulo: Publifolha, 2013.

LUFT, Celso Pedro. *Novo guia ortográfico*. São Paulo: Globo, 2013.

MACHADO, J. R. M.; NUNES, M. V. da Silva. *Recriando a psicomotricidade*. Rio de Janeiro: Sprint, 2010.

MAN, J. *A história do alfabeto*. Trad. Edith Zonenschain. Rio de Janeiro: Ediouro, 2002.

MORAIS, Artur Gomes de. *Sistema de escrita alfabética*. São Paulo: Melhoramentos, 2012. (Como eu ensino).

NÓBREGA, Maria José. *Ortografia*. São Paulo: Melhoramentos, 2013. (Como eu ensino).

TRAVAGLIA, Luiz Carlos. *Na trilha da gramática:* conhecimento linguístico na alfabetização e letramento. São Paulo: Cortez, 2013.

1

ymgerman/Shutterstock/Glow Images

2

esolla/Shutterstock/Glow Images

3

Maks Narodenko/Shutterstock/Glow Images

4

Pavel L Photo and Video/Shutterstock/Glow Images

5

SharonPhoto/Shutterstock/Glow Images

6

Andrey Armyagov/Shutterstock/Glow Images

7

Sherjaca/Shutterstock/Glow Images

8

Rich Carey/Shutterstock/Glow Images

Robert Red/Shutterstock/Glow Images

E. O./Shutterstock/Glow Images

ragnisphoto/Shutterstock/Glow Images

Roobcio/Shutterstock/Glow Images

Iuliia Timofeeva/Shutterstock/Glow Images

Michael Dechev/Shutterstock/Glow Images

MARCHA CRIANÇA

3º ANO

# A ROUPA NOVA DO IMPERADOR

Os contos de fadas antigamente eram transmitidos de forma oral, de geração para geração. Hoje, muitos deles já são encontrados em livros, revistas e até mesmo na internet. Você, por exemplo, talvez já tenha lido ou ouvido alguns desses contos.

Agora, imagine como seria legal se você pudesse escrever, com suas próprias palavras, um conto de fadas! Sim, isso mesmo! Aqui você terá a oportunidade de realizar essa fascinante tarefa. Dê asas à sua imaginação e bom trabalho!

Este livro foi escrito por: ..............................

Escola: ..............................

editora scipione

editora scipione

**Diretoria editorial**
Lidiane Vivaldini Olo
**Gerência editorial**
Luiz Tonolli
**Editoria de Anos Iniciais**
Tatiany Telles Renó
**Edição**
Miriam Mayumi Nakamura
Duda Albuquerque (DB Produções Editoriais)
**Gerência de produção editorial**
Ricardo de Gan Braga
**Arte**
Andréa Dellamagna (coord. de criação),
Gláucia Correa Koller (progr. visual de capa e miolo),
Leandro Hiroshi Kanno (coord. de arte) e
Fábio Cavalcante (editor de arte)
**Revisão**
Hélia de Jesus Gonsaga (ger.),
Rosângela Muricy (coord.),
Gabriela Macedo de Andrade,
Paula Teixeira de Jesus,
Vanessa de Paula Santos,
Brenda Morais e Gabriela Miragaia (estagiárias)
**Ilustrações de capa e miolo**
Roberto Weigand

Texto de Hans Christian Andersen
adaptado por Tatiany Telles Renó

**Direitos desta edição cedidos à Editora Scipione S.A.**
Av. das Nações Unidas, 7221, 3º andar, Setor D
Pinheiros – São Paulo – SP – CEP 05425-902
Tel.: 4003-3061
www.scipione.com.br / atendimento@scipione.com.br

**2018**

2ª edição
3ª impressão

Impressão e acabamento
Bercrom Gráfica e Editora

CÓPIA NÃO AUTORIZADA É CRIME
ABDR
ASSOCIAÇÃO BRASILEIRA DE DIREITOS REPROGRÁFICOS
RESPEITE O DIREITO AUTORAL
EDITORA AFILIADA

Era uma vez um imperador que adorava roupas.

Ele não se interessava pelo exército, em ir ao teatro e nem em passear de carruagem, a menos, é claro, que tivesse oportunidade de exibir suas roupas...

O tecido que fazemos é maravilhoso! Ele torna-se invisível aos olhos dos tolos e dos incapazes.

Que o Senhor me abençoe... Eu não estou vendo nada nesse tear!

Não vejo coisa nenhuma nesse tear! Serei eu incapaz de ocupar o cargo de imperador?
O tecido está mesmo ficando encantador. Excelente trabalho!

FESTA

A roupa do imperador está pronta!

Que linda roupa!
As cores são lindas!

Fim